MW01443127

Dixie @ 2023 Second Edition
All rights reserved. No part of this book may be reproduced, distributed, or transmitted in any form or by any means, including photocopying, recording, or other electronic or mechanical methods, without the prior written permission of the publisher, except in the case of brief quotations embodied in critical reviews and certain other noncommercial uses permitted by copyright law. It's important to note that this disclaimer is not a substitute for obtaining the necessary permissions and licenses for any copyrighted material that you may use in your book, such as images, illustrations, or text. It's your responsibility to ensure that you have the legal right to use any such material before publishing your book.

Dixie @ 2023 Second Edition
Todos los derechos reservados. Queda prohibida la reproducción, distribución o transmisión total o parcial de este libro, ya sea por medios electrónicos, mecánicos, por fotocopia, grabación u otros métodos, sin el previo permiso por escrito del editor, excepto en el caso de breves citas incluidas en reseñas críticas y ciertos otros usos no comerciales permitidos por la ley de derechos de autor. Es importante tener en cuenta que este aviso legal no sustituye la obtención de los permisos y licencias necesarios para cualquier material con derechos de autor que puedas utilizar en tu libro, como imágenes, ilustraciones o texto. Es tu responsabilidad asegurarte de tener el derecho legal para utilizar dicho material antes de publicar tu libro.

Este libro pertenece a :

_____

Diario de autocuidado

Día: Fecha:

Nota personal

_____
_____
_____
_____

Afirmación

Cita

Recordatorio

Mi agenda de un vistazo

_____
_____
_____
_____

Diario de autocuidado

¿Cuál es tu libro favorito de todos los tiempos y por qué?

_____
_____
_____
_____
_____
_____
_____

Mi garabato / boceto

Diario de autocuidado

Día: Fecha:

Nota personal

_____
_____
_____
_____

Afirmación

Cita

Recordatorio

Mi agenda de un vistazo

_____
_____
_____
_____

Diario de autocuidado

Haga una lista de sus cinco frases motivacionales favoritas.

_____

_____

_____

_____

_____

_____

Mi garabato / boceto

Diario de autocuidado

Día: Fecha:

Nota personal

_____
_____
_____
_____

Afirmación

Cita

Recordatorio

Mi agenda de un vistazo

_____
_____
_____
_____

Diario de autocuidado

Describe la mañana ideal para ti.

_____
_____
_____
_____
_____
_____
_____

Mi garabato / boceto

Diario de autocuidado

Día: Fecha:

Nota personal

_____
_____
_____
_____

Afirmación

Cita

Recordatorio

Mi agenda de un vistazo

_____
_____
_____
_____

Diario de autocuidado

Imagina que estás dando un paseo tranquilo en un hermoso día de verano y explica cada detalle.

_____
_____
_____
_____
_____
_____
_____

Mi garabato / boceto

Diario de autocuidado

Día: Fecha:

Nota personal

_____
_____
_____
_____

Afirmación

Cita

Recordatorio

Mi agenda de un vistazo

_____
_____
_____
_____

Diario de autocuidado

Haz una lista de 10 sugerencias de belleza para el cuidado personal que quieras probar.

_____
_____
_____
_____
_____
_____
_____

Mi garabato / boceto

Diario de autocuidado

Día: Fecha:

Nota personal

_____
_____
_____
_____

Afirmación

Cita

Recordatorio

Mi agenda de un vistazo

_____
_____
_____
_____

Diario de autocuidado!

Haga una lista de diez libros nuevos sobre el cuidado personal para leer.

_____
_____
_____
_____
_____
_____
_____

Mi garabato / boceto

Diario de autocuidado

Día: Fecha:

Nota personal

_____

_____

_____

_____

Afirmación

Cita

Recordatorio

Mi agenda de un vistazo

_____

_____

_____

_____

Diario de autocuidado

Haga una lista de sus diez destinos de viaje principales.

_____
_____
_____
_____
_____
_____
_____

Mi garabato / boceto

Diario de autocuidado

Día: Fecha:

Nota personal

_____
_____
_____

Afirmación

Cita

Recordatorio

Mi agenda de un vistazo

_____
_____
_____
_____

Diario de autocuidado

Describe el día de playa ideal para ti.

_____
_____
_____
_____
_____
_____

Mi garabato / boceto

Diario de autocuidado

Día: Fecha:

Nota personal

Afirmación

Cita

Recordatorio

Mi agenda de un vistazo

Diario de autocuidado

Si pudieras interpretar cualquier papel en cualquier película, ¿a quién te gustaría interpretar y por qué?

_____
_____
_____
_____
_____
_____
_____

Mi garabato / boceto

Diario de autocuidado

Día: Fecha:

Nota personal

_____
_____
_____
_____

Afirmación

Cita

Recordatorio

Mi agenda de un vistazo

_____
_____
_____
_____

Diario de autocuidado

Describe las cualidades de ti mismo que más admiras.

_____
_____
_____
_____
_____
_____

Mi garabato / boceto

Diario de autocuidado

Día: Fecha:

Nota personal

_____
_____
_____
_____

Afirmación

Cita

Recordatorio

Mi agenda de un vistazo

_____
_____
_____
_____

Diario de autocuidado

Escriba las cualidades que aprecia tanto a su amigo como a su familiar.

_____
_____
_____
_____
_____
_____
_____

Mi garabato / boceto

Diario de autocuidado

Día: Fecha:

Nota personal

_____
_____
_____
_____

Afirmación

Cita

Recordatorio

Mi agenda de un vistazo

_____
_____
_____
_____

Diario de autocuidado

Escriba una descripción de una mezcla heterogénea / sándwiches ideal.

_____
_____
_____
_____
_____
_____
_____

Mi garabato / boceto

Diario de autocuidado

Día: Fecha:

Nota personal

_____
_____
_____
_____

Afirmación

Cita

Recordatorio

Mi agenda de un vistazo

_____
_____
_____
_____

Diario de autocuidado

Haga una lista de sus diez experiencias de vida más fascinantes.

_____
_____
_____
_____
_____
_____
_____

Mi garabato / boceto

Diario de autocuidado

Día: Fecha:

Nota personal

_____
_____
_____
_____

Afirmación

Cita

Recordatorio

Mi agenda de un vistazo

_____
_____
_____
_____

Diario de autocuidado

Piensa en diez nuevas ideas interesantes que te gustaría probar; ¡podría ser algo tan básico como un nuevo peinado o tan atrevido como el paracaidismo!

_____
_____
_____
_____
_____
_____

Mi garabato / boceto

Diario de autocuidado

Día: Fecha:

Nota personal

_____
_____
_____
_____

Afirmación

Cita

Recordatorio

Mi agenda de un vistazo

_____
_____
_____
_____

Diario de autocuidado

Haz una lista de diez cosas que admiras de tu físico / cuerpo

_____
_____
_____
_____
_____
_____
_____

Mi garabato / boceto

Diario de autocuidado

Día: Fecha:

Nota personal

Afirmación

Cita

Recordatorio

Mi agenda de un vistazo

Diario de autocuidado

Describe los cinco momentos más hermosos que hayas experimentado.

_____
_____
_____
_____
_____
_____
_____

Mi garabato / boceto

Diario de autocuidado

Día: Fecha:

Nota personal

_____
_____
_____
_____

Afirmación

Cita

Recordatorio

Mi agenda de un vistazo

_____
_____
_____
_____

Diario de autocuidado

Haz una lista de 20 cosas por las que estás agradecido

_____
_____
_____
_____
_____
_____
_____

Mi garabato / boceto

Diario de autocuidado

Día: Fecha:

Nota personal

Afirmación

Cita

Recordatorio

Mi agenda de un vistazo

Diario de autocuidado

¿Qué consideras tu mayor logro?

_____
_____
_____
_____
_____
_____
_____

Mi garabato / boceto

Diario de autocuidado

Día: Fecha:

Nota personal

_____
_____
_____
_____

Afirmación

Cita

Recordatorio

Mi agenda de un vistazo

_____
_____
_____
_____

Diario de autocuidado

¿Cuáles son sus talentos, placeres o pasiones ocultos?

_____
_____
_____
_____
_____
_____
_____

Mi garabato / boceto

Diario de autocuidado

Día: Fecha:

Nota personal

_____
_____
_____
_____

Afirmación

Cita

Recordatorio

Mi agenda de un vistazo

_____
_____
_____
_____

Diario de autocuidado

Escribe 5 afirmaciones sobre el amor propio en tu diario.

_____
_____
_____
_____
_____
_____
_____

Mi garabato / boceto

Diario de autocuidado

Día: Fecha:

Nota personal

_____
_____
_____
_____

Afirmación

Cita

Recordatorio

Mi agenda de un vistazo

_____
_____
_____
_____

Diario de autocuidado

Piensa en cinco formas de aprender más sobre ti y escríbelas.

_____
_____
_____
_____
_____
_____
_____

Mi garabato / boceto

Diario de autocuidado

Día: Fecha:

Nota personal

_____
_____
_____
_____

Afirmación

Cita

Recordatorio

Mi agenda de un vistazo

_____
_____
_____
_____

Diario de autocuidado

¿Cuáles son tus cinco canciones favoritas que te hacen sentir mejor cada vez que las escuchas?

_____
_____
_____
_____
_____
_____

Mi garabato / boceto

Diario de autocuidado

Día: Fecha:

Nota personal

_____
_____
_____
_____

Afirmación

Cita

Recordatorio

Mi agenda de un vistazo

_____
_____
_____
_____

Diario de autocuidado

¿Qué combinaciones de colores prefieres?

_____
_____
_____
_____
_____
_____
_____

Mi garabato / boceto

Diario de autocuidado

Día: Fecha:

Nota personal

_____
_____
_____
_____

Afirmación

Cita

Recordatorio

Mi agenda de un vistazo

_____
_____
_____
_____

Diario de autocuidado

Escriba un diario de 10 ideas de recetas saludables.

_____
_____
_____
_____
_____
_____
_____

Mi garabato / boceto

Diario de autocuidado

Día: Fecha:

Nota personal

_____
_____
_____
_____

Afirmación

Cita

Recordatorio

Mi agenda de un vistazo

_____
_____
_____
_____

Diario de autocuidado

¿Cuáles son algunas formas interesantes en las que podrías salir de tu zona de confort?

_____
_____
_____
_____
_____
_____
_____

Mi garabato / boceto

Diario de autocuidado

Día: Fecha:

Nota personal

Afirmación

Cita

Recordatorio

Mi agenda de un vistazo

Diario de autocuidado

Haz una lista de 10 lugares en todo el mundo donde te gustaría nadar.

_____
_____
_____
_____
_____
_____
_____

Mi garabato / boceto

Diario de autocuidado

Día: Fecha:

Nota personal

_____
_____
_____
_____

Afirmación

Cita

Recordatorio

Mi agenda de un vistazo

_____
_____
_____
_____

Diario de autocuidado

Haz una lista de diez consejos que le darías a tu yo más joven.

_____
_____
_____
_____
_____
_____
_____

Mi garabato / boceto

Diario de autocuidado

Día: Fecha:

Nota personal

_____
_____
_____
_____

Afirmación

Cita

Recordatorio

Mi agenda de un vistazo

_____
_____
_____
_____

Diario de autocuidado

Describe tu día ideal de autocuidado.

_____
_____
_____
_____
_____
_____
_____

Mi garabato / boceto

Diario de autocuidado

Día: Fecha:

Nota personal

_____
_____
_____
_____

Afirmación

Cita

Recordatorio

Mi agenda de un vistazo

_____
_____
_____
_____

Diario de autocuidado

Haga una lista de diez formas de mejorar su autoestima.

_____
_____
_____
_____
_____
_____
_____

Mi garabato / boceto

Diario de autocuidado

Día: Fecha:

Nota personal

_____
_____
_____
_____

Afirmación

Cita

Recordatorio

Mi agenda de un vistazo

_____
_____
_____
_____

Diario de autocuidado

Haga una lista de sus 20 frases positivas favoritas, como "amor", "felicidad", "creatividad", etc.

_____

_____

_____

_____

_____

_____

Mi garabato / boceto

Diario de autocuidado

Día: Fecha:

Nota personal

_____
_____
_____
_____

Afirmación

Cita

Recordatorio

Mi agenda de un vistazo

_____
_____
_____
_____

Diario de autocuidado

Escribe un diario de 5 nuevos proyectos de arte que te gustaría probar.

_____
_____
_____
_____
_____
_____
_____

Mi garabato / boceto

Diario de autocuidado

Día: Fecha:

Nota personal

_____
_____
_____
_____

Afirmación

Cita

Recordatorio

Mi agenda de un vistazo

_____
_____
_____
_____

Diario de autocuidado

Haga una lista de cinco ideas de libros que le gustaría escribir.

_____
_____
_____
_____
_____
_____
_____

Mi garabato / boceto

Diario de autocuidado

Día: Fecha:

Nota personal

_____
_____
_____
_____

Afirmación

Cita

Recordatorio

Mi agenda de un vistazo

_____
_____
_____
_____

Diario de autocuidado

Si pudieras tener alguna habilidad mágica,
¿cuál sería y por qué la querrías?

_____
_____
_____
_____
_____
_____
_____

Mi garabato /
boceto

Diario de autocuidado

Día:						Fecha:

Nota personal

_____
_____
_____
_____

Afirmación

Cita

Recordatorio

Mi agenda de un vistazo

_____
_____
_____
_____

Diario de autocuidado

Escriba sus pensamientos sobre el universo y lo que Dios significa para usted.

_____
_____
_____
_____
_____
_____
_____

Mi garabato / boceto

Diario de autocuidado

Día: Fecha:

Nota personal

_____
_____
_____
_____

Afirmación

Cita

Recordatorio

Mi agenda de un vistazo

_____
_____
_____
_____

Diario de autocuidado

¿Qué animales son tus favoritos?
_____
_____
_____
_____
_____
_____
_____

Mi garabato / boceto

Diario de autocuidado

Día: Fecha:

Nota personal

_____
_____
_____
_____

Afirmación

Cita

Recordatorio

Mi agenda de un vistazo

_____
_____
_____
_____

Diario de autocuidado

Haz una lista de 10 ideas fascinantes que hayas escuchado que te hagan pensar.

_____
_____
_____
_____
_____
_____
_____

Mi garabato / boceto

Diario de autocuidado

Día: Fecha:

Nota personal

_____
_____
_____
_____

Afirmación

Cita

Recordatorio

Mi agenda de un vistazo

_____
_____
_____
_____

Diario de autocuidado

Describe tus vacaciones perfectas fuera de tu país.

_____

_____

_____

_____

_____

_____

_____

Mi garabato / boceto

Diario de autocuidado

Día: Fecha:

Nota personal

_____
_____
_____
_____

Afirmación

Cita

Recordatorio

Mi agenda de un vistazo

_____
_____
_____
_____

Diario de autocuidado

Describe cinco formas en las que podrías difundir bondad y amor.

_____
_____
_____
_____
_____
_____
_____

Mi garabato / boceto

Diario de autocuidado

Día: Fecha:

Nota personal

_____
_____
_____
_____

Afirmación

Cita

Recordatorio

Mi agenda de un vistazo

_____
_____
_____
_____

Diario de autocuidado

Haga una lista de diez cosas positivas que están sucediendo en el planeta en este momento.

_____
_____
_____
_____
_____
_____
_____

Mi garabato / boceto

Diario de autocuidado

Día: Fecha:

Nota personal

_____
_____
_____
_____

Afirmación

Cita

Recordatorio

Mi agenda de un vistazo

_____
_____
_____
_____

Diario de autocuidado

Haz una lista de 10 personas que te inspiran.

_____
_____
_____
_____
_____
_____
_____
_____

Mi garabato / boceto

Diario de autocuidado

Día: Fecha:

Nota personal

_____
_____
_____
_____

Afirmación

Cita

Recordatorio

Mi agenda de un vistazo

_____
_____
_____
_____

Diario de autocuidado

¿Qué consejos le darías a tu yo futuro?

_____
_____
_____
_____
_____
_____
_____

Mi garabato / boceto

Diario de autocuidado

Día: Fecha:

Nota personal

Afirmación

Cita

Recordatorio

Mi agenda de un vistazo

Diario de autocuidado

Describe algunas lecciones de vida útil por las que estás agradecido.

_____
_____
_____
_____
_____
_____
_____

Mi garabato / boceto

Diario de autocuidado

Día: Fecha:

Nota personal

_____
_____
_____
_____

Afirmación

Cita

Recordatorio

Mi agenda de un vistazo

_____
_____
_____
_____

Diario de autocuidado

Escribe cinco ideas de spa para el cuidado personal.

_____
_____
_____
_____
_____
_____
_____

Mi garabato / boceto

Diario de autocuidado

Día: Fecha:

Nota personal

_____
_____
_____
_____

Afirmación

Cita

Recordatorio

Mi agenda de un vistazo

_____
_____
_____
_____

Self-care Journal

Haz una lista de diez cosas que te gustaría compartir con el resto del mundo.

_____
_____
_____
_____
_____
_____
_____

Mi garabato / boceto

Diario de autocuidado

Día: Fecha:

Nota personal

_____
_____
_____

Afirmación

Cita

Recordatorio

Mi agenda de un vistazo

_____
_____
_____

Self-care Journal

¿Cuáles son tus flores favoritas y cómo te hacen sentir?

_____
_____
_____
_____
_____
_____
_____

Mi garabato / boceto

Diario de autocuidado

Día: Fecha:

Nota personal

_____
_____
_____
_____

Afirmación

Cita

Recordatorio

Mi agenda de un vistazo

_____
_____
_____
_____

Self-care Journal

Describe el paseo ideal por la playa.

_____
_____
_____
_____
_____
_____
_____

Mi garabato / boceto

Diario de autocuidado

Día: Fecha:

Nota personal

Afirmación

Cita

Recordatorio

Mi agenda de un vistazo

Diario de autocuidado

Describe un buen día en el parque.

_____
_____
_____
_____
_____
_____

Mi garabato / boceto

Diario de autocuidado

Día: Fecha:

Nota personal

_____
_____
_____
_____

Afirmación

Cita

Recordatorio

Mi agenda de un vistazo

_____
_____
_____
_____

Diario de autocuidado

¿Cuál es tu rutina nocturna ideal?

_____
_____
_____
_____
_____
_____
_____

Mi garabato / boceto

Diario de autocuidado

Día: Fecha:

Nota personal

_____
_____
_____
_____

Afirmación

Cita

Recordatorio

Mi agenda de un vistazo

_____
_____
_____
_____

Diario de autocuidado

Elabora un menú para dos tardes de deliciosas comidas. (Solo será la cena y tal vez el postre).

_____
_____
_____
_____
_____
_____
_____

Mi garabato / boceto

Diario de autocuidado

Día: Fecha:

Nota personal

_____
_____
_____
_____

Afirmación

Cita

Recordatorio

Mi agenda de un vistazo

_____
_____
_____
_____

Diario de autocuidado

Describe el postre perfecto para ti.

_____
_____
_____
_____
_____
_____
_____

Mi garabato / boceto

Diario de autocuidado

Día: Fecha:

Nota personal

_____
_____
_____
_____

Afirmación

Cita

Recordatorio

Mi agenda de un vistazo

_____
_____
_____
_____

Diario de autocuidado

¿Puedes hablarme de tus tendencias de moda de retroceso favoritas?

_____
_____
_____
_____
_____
_____
_____

Mi garabato / boceto

Diario de autocuidado

Día: Fecha:

Nota personal

_____
_____
_____
_____

Afirmación

Cita

Recordatorio

Mi agenda de un vistazo

_____
_____
_____
_____

Diario de autocuidado

Haga una lista de sus películas favoritas para sentirse bien de su infancia.

_____
_____
_____
_____
_____
_____
_____

Mi garabato / boceto

Diario de autocuidado

Día: Fecha:

Nota personal

_____
_____
_____
_____

Afirmación

Cita

Recordatorio

Mi agenda de un vistazo

_____
_____
_____
_____

Diario de autocuidado

¿Qué piensas sobre la idea del infinito?

_____
_____
_____
_____
_____
_____
_____

Mi garabato / boceto

Diario de autocuidado

Día: Fecha:

Nota personal

_____
_____
_____
_____

Afirmación

Cita

Recordatorio

Mi agenda de un vistazo

_____
_____
_____
_____

Diario de autocuidado

Describe el viaje de campamento perfecto para ti.

_____

_____

_____

_____

_____

_____

_____

Mi garabato / boceto

Diario de autocuidado

Día: Fecha:

Nota personal

_____
_____
_____
_____

Afirmación

Cita

Recordatorio

Mi agenda de un vistazo

_____
_____
_____
_____

Diario de autocuidado

¿Qué servirías en la barbacoa de tus sueños?

_____
_____
_____
_____
_____
_____
_____

Mi garabato / boceto

Diario de autocuidado

Día: Fecha:

Nota personal

_____
_____
_____
_____

Afirmación

Cita

Recordatorio

Mi agenda de un vistazo

_____
_____
_____
_____

Diario de autocuidado

Haz una lista de diez personas de renombre, vivas o muertas, con las que te gustaría compartir secretos.

_____
_____
_____
_____
_____
_____
_____

Mi garabato / boceto

Diario de autocuidado

Día: Fecha:

Nota personal

_____
_____
_____
_____

Afirmación

Cita

Recordatorio

Mi agenda de un vistazo

_____
_____
_____
_____

Diario de autocuidado

Haga una lista de sus objetivos semestrales.

_____
_____
_____
_____
_____
_____
_____

Mi garabato / boceto

Diario de autocuidado

Día: Fecha:

Nota personal

_____
_____
_____

Afirmación

Cita

Recordatorio

Mi agenda de un vistazo

_____
_____
_____
_____

Diario de autocuidado

¿Cómo se vería su casa del árbol si la creara?

_____
_____
_____
_____
_____
_____
_____

Mi garabato / boceto

Diario de autocuidado

Día: Fecha:

Nota personal

Afirmación

Cita

Recordatorio

Mi agenda de un vistazo

Diario de autocuidado

¿Cuáles eran tus deportes o juegos favoritos cuando eras niño?

_____
_____
_____
_____
_____
_____
_____

Mi garabato / boceto

Diario de autocuidado

Día: Fecha:

Nota personal

_____
_____
_____
_____

Afirmación

Cita

Recordatorio

Mi agenda de un vistazo

_____
_____
_____
_____

Diario de autocuidado

¿En qué ciudad elegirías vivir?

_____
_____
_____
_____
_____
_____
_____

Mi garabato / boceto

Diario de autocuidado

Día: Fecha:

Nota personal

_____
_____
_____
_____

Afirmación

Cita

Recordatorio

Mi agenda de un vistazo

_____
_____
_____
_____

Diario de autocuidado

¿Quieres hacer nuevos amigos o formar nuevas relaciones ahora o en el futuro?

_____
_____
_____
_____
_____
_____
_____

Mi garabato / boceto

Diario de autocuidado

Día: Fecha:

Nota personal

_____
_____
_____
_____

Afirmación

Cita

Recordatorio

Mi agenda de un vistazo

_____
_____
_____
_____

Diario de autocuidado

¿Te consideras introvertido o extrovertido?
¿Cómo te diste cuenta de eso?

_____
_____
_____
_____
_____
_____
_____

Mi garabato /
boceto

Diario de autocuidado

Día: Fecha:

Nota personal

_____
_____
_____
_____

Afirmación

Cita

Recordatorio

Mi agenda de un vistazo

_____
_____
_____
_____

Diario de autocuidado

¿Qué te hace sentir amado más?

_____
_____
_____
_____
_____
_____
_____

Mi garabato / boceto

Diario de autocuidado

Día: Fecha:

Nota personal

_____
_____
_____
_____

Afirmación

Cita

Recordatorio

Mi agenda de un vistazo

_____
_____
_____
_____

Diario de autocuidado

¿Qué sabes del amor puro?

_____
_____
_____
_____
_____
_____
_____

Mi garabato / boceto

Diario de autocuidado

Día: Fecha:

Nota personal

_____
_____
_____
_____

Afirmación

Cita

Recordatorio

Mi agenda de un vistazo

_____
_____
_____
_____

Diario de autocuidado

Cree una lista de diez ideas de cuidados personales relajantes para un fin de semana tranquilo.

_____
_____
_____
_____
_____
_____
_____

Mi garabato / boceto

Diario de autocuidado

Día: Fecha:

Nota personal

_____
_____
_____
_____

Afirmación

Cita

Recordatorio

Mi agenda de un vistazo

_____
_____
_____
_____

Diario de autocuidado

¿Qué animal serías si pudieras ser cualquier animal por un día y por qué?

_____
_____
_____
_____
_____
_____
_____

Mi garabato / boceto

Diario de autocuidado

Día: Fecha:

Nota personal

_____
_____
_____
_____

Afirmación

Cita

Recordatorio

Mi agenda de un vistazo

_____
_____
_____
_____

Diario de autocuidado

¿Qué crees que fuiste en una vida anterior?

_____
_____
_____
_____
_____
_____

Mi garabato / boceto

Diario de autocuidado

Día: Fecha:

Nota personal

Afirmación

Cita

Recordatorio

Mi agenda de un vistazo

Diario de autocuidado

¿Cuáles son tus intereses y pasiones?

_____
_____
_____
_____
_____
_____
_____

Mi garabato / boceto

Diario de autocuidado

Día: Fecha:

Nota personal

_____
_____
_____
_____

Afirmación

Cita

Recordatorio

Mi agenda de un vistazo

_____
_____
_____
_____

Diario de autocuidado

¿Qué desea lograr en su vida profesional o personal?

_____
_____
_____
_____
_____
_____
_____

Mi garabato / boceto

Diario de autocuidado

Día: Fecha:

Nota personal

_____
_____
_____
_____

Afirmación

Cita

Recordatorio

Mi agenda de un vistazo

_____
_____
_____
_____

Diario de autocuidado

Haga una lista de cinco formas en las que puede hacer que su rutina diaria sea más agradable.

_____
_____
_____
_____
_____
_____
_____

Mi garabato / boceto

Diario de autocuidado

Día: Fecha:

Nota personal

_____
_____
_____
_____

Afirmación

Cita

Recordatorio

Mi agenda de un vistazo

_____
_____
_____
_____

Diario de autocuidado

Describe cualquier mejora de salud que puedas hacer para mejorar tu salud en general.

_____
_____
_____
_____
_____
_____
_____

Mi garabato / boceto

Diario de autocuidado

Día: Fecha:

Nota personal

_____
_____
_____
_____

Afirmación

Cita

Recordatorio

Mi agenda de un vistazo

_____
_____
_____
_____

Diario de autocuidado

¿Qué crees que les gustaría que supieras a tus ángeles de la guarda?

_____
_____
_____
_____
_____
_____
_____

Mi garabato / boceto

Diario de autocuidado

Día: Fecha:

Nota personal

_____
_____
_____
_____

Afirmación

Cita

Recordatorio

Mi agenda de un vistazo

_____
_____
_____
_____

Diario de autocuidado

¿Quién o qué ha tenido la mayor influencia en tus creencias?

_____
_____
_____
_____
_____
_____
_____

Mi garabato / boceto

Diario de autocuidado

Día: Fecha:

Nota personal

_____
_____
_____
_____

Afirmación

Cita

Recordatorio

Mi agenda de un vistazo

_____
_____
_____
_____

Diario de autocuidado

Escribe sobre un lugar maravilloso y mágico que te gustaría visitar.

_____
_____
_____
_____
_____
_____
_____

Mi garabato / boceto

Diario de autocuidado

Día: Fecha:

Nota personal

_____
_____
_____
_____

Afirmación

Cita

Recordatorio

Mi agenda de un vistazo

_____
_____
_____
_____

Diario de autocuidado

¿Qué es lo que más te impresiona de la vida?

_____
_____
_____
_____
_____
_____
_____

Mi garabato / boceto

Diario de autocuidado

Día: Fecha:

Nota personal

_____
_____
_____
_____

Afirmación

Cita

Recordatorio

Mi agenda de un vistazo

_____
_____
_____
_____

Diario de autocuidado

Enumere 10 de sus aspectos favoritos de la vida.

_____
_____
_____
_____
_____
_____
_____

Mi garabato / boceto

Diario de autocuidado

Día: Fecha:

Nota personal

_____
_____
_____
_____

Afirmación

Cita

Recordatorio

Mi agenda de un vistazo

_____
_____
_____
_____

Diario de autocuidado

¿Cuáles son tus períodos históricos favoritos y por qué los disfrutas?

_____
_____
_____
_____
_____
_____
_____

Mi garabato / boceto

Diario de autocuidado

Día: Fecha:

Nota personal

_____
_____
_____
_____

Afirmación

Cita

Recordatorio

Mi agenda de un vistazo

_____
_____
_____
_____

Diario de autocuidado

Describe cinco tendencias en las redes sociales y tus sentimientos al respecto.

_____
_____
_____
_____
_____
_____
_____

Mi garabato / boceto

Diario de autocuidado

Día: Fecha:

Nota personal

Afirmación

Cita

Recordatorio

Mi agenda de un vistazo

Diario de autocuidado

En tu vida, ¿qué cosas locas y locas te gustaría probar que otros tal vez no entiendan?

_____
_____
_____
_____
_____
_____
_____

Mi garabato / boceto

Diario de autocuidado

Día: Fecha:

Nota personal

Afirmación

Cita

Recordatorio

Mi agenda de un vistazo

Diario de autocuidado

Describe tus vacaciones perfectas en la ciudad en 80 palabras o menos.

_____
_____
_____
_____
_____
_____
_____

Mi garabato / boceto

Made in United States
Orlando, FL
17 January 2024